HÔTEL CLARENDON
rue Castiglione, 4
PARIS

PARIS A LA MAIN
GUIDE
DES ÉTRANGERS

OFFERT PAR L'HÔTEL

1868

MAISON TROTTIER, fondée en 1814
A PARIS, RUE SAINT-HONORÉ, 4
TROTTIER FILS, SUCCESSEUR
Fabricant spécial de toute espèce de Moules en cuivre et en fer-blanc de MM. les Pâtissiers et Cuisiniers.

La Maison ne reconnaît pas de Voyageurs.

AVIS ESSENTIEL

Ne pas oublier de se munir de son passe-port. S'adresser à son Excellence le Ministre d'État, pour avoir la collection de billets dont il peut disposer.

Afin de faciliter à nos nombreux lecteurs le choix des établissements qui ont mérité notre confiance, et pour diriger utilement leurs acquisitions, nous avons recueilli, avec une scrupuleuse exactitude, le nom et l'adresse des principales Maisons de Paris.

PALAIS DES TUILERIES.

RÉSIDENCE IMPÉRIALE. — LE PALAIS peut être visité avec la permission du commandant du Palais, lorsque l'Empereur ne l'habite pas.

PALAIS DE VERSAILLES ET DE TRIANON.

LES PALAIS DE VERSAILLES ET DE TRIANON sont visibles tous les jours, de 11 à 4 heures, excepté le lundi.

Prendre pour y aller le chemin de fer rive droite aux demies, ou la rive gauche aux heures.

MANUFACTURES IMPÉRIALES.

LA MANUFACTURE IMPÉRIALE DE SÈVRES est visible tous les jours, de 11 à 4 heures, excepté les Dimanches et Fêtes, avec une permission du Ministre d'État, ou sur le vu d'un passe-port. Mêmes chemins de fer.

LA MANUFACTURE IMPÉRIALE DES GOBELINS est visible le mercredi et le samedi, de 2 à 4 heures en été et de 1 à 3 en hiver, avec une permission demandée au Ministre d'État ou à l'Administrateur de la Manufacture.

SAINTE-CHAPELLE.

LA SAINTE-CHAPELLE est visible tous les jours, avec une permission du Ministre d'État ou sur le vu d'un passe-port.

TOMBEAU DE L'EMPEREUR. — HOTEL DES INVALIDES.

Le Tombeau de l'Empereur est visible pour tout le monde le lundi, de midi à 3 heures, et le jeudi aux mêmes heures, sur la présentation d'un passe-port.

Les Plans en Relief, aux Invalides, sont visibles du 1er mai au 15 juin, en adressant une demande de billets au Général président du comité des fortifications ou sur le vu d'un passe-port.

HOTEL DE VILLE.

Les Appartements de l'Hôtel de Ville sont visibles les jeudis, sur la présentation d'un billet délivré par le Préfet de la Seine ou sur le vu d'un passe-port.

Nota. — A l'approche des fêtes données par l'Hôtel de Ville, les appartements ne peuvent être visités.

MUSÉES.

Les Musées du Louvre sont visibles tous les jours, de 10 à 4 heures, excepté les lundis.

Le Musée du Luxembourg est visible tous les jours, de 11 à 4 heures, excepté les lundis.

Le Musée de Versailles est visible tous les jours, de 11 à 4 heures, excepté les lundis.

Le Musée des Thermes et de l'Hôtel de Cluny est ouvert pour tout le monde les dimanches, de 10 à 4 heures. Les mercredis, jeudis et vendredis, il est visible de midi à 4 heures, sur le vu d'une permission demandée au Directeur du Musée ou sur le vu d'un passe-port.

Le Musée d'Artillerie, place Saint-Thomas d'Aquin, est visible les jeudis, sur la présentation d'un billet demandé au Conservateur du Musée ou sur le vu d'un passe-port.

Le Musée des Monnaies est visible les mardis et vendredis, de midi à 3 heures.

Les mêmes jours, de 10 à 1 heure, on peut visiter les Ate-

GLACES ET LAITAGES

MAISON SPÉCIALE

AU CHALET

151, rue St-Honoré, 151

GRAND HOTEL DU LOUVRE

BEURRE, ŒUFS ET FROMAGES

Ces produits arrivent chaque jour des fermes de l'Établissement, sans intermédiaire.

Rafraîchissements pour bals et soirées

Envoyer les commandes par lettres non affranchies.

6, rue de la Chaussée-d'Antin (près le boulevard)

A LA VILLE DE LYON

RANSONS ET YVES

Fournisseurs brevetés
de l'Impératrice

RUBANS	MERCERIE
PASSEMENTERIE	VELOURS
GANTERIE	MODES

liers, sur la présentation de billets délivrés par le Président de la Commission des Monnaies.

Le Muséum d'Histoire naturelle, au Jardin des Plantes, est visible les mardis, jeudis et samedis, de 11 à 2 heures, avec des billets demandés au Directeur ou sur le vu d'un passe-port. Les mardis et jeudis, il est ouvert au public, de 2 à 5 heures, et le dimanche, de 1 à 5 heures.

CONSERVATOIRE DES ARTS ET MÉTIERS.

Le Conservatoire des Arts et Métiers, rue Saint-Martin, est ouvert au public les dimanches et jeudis, depuis 10 jusqu'à 4 heures.

EXPOSITION DES PRODUITS DE L'ALGÉRIE.

L'Exposition permanente des Produits de l'Algérie, rue de Grenelle-Saint-Germain, 107, est visible tous les jeudis, sur la présentation de cartes délivrées par M. le Maréchal Ministre de la Guerre.

BIBLIOTHÈQUES.

La Bibliothèque Impériale, rue Richelieu, est visible pour le public, les mardis et vendredis, de 10 à 3 heures.

La Bibliothèque Sainte-Geneviève, place du Panthéon, est visible tous les jours, excepté les dimanches et fêtes.

Les Bibliothèques Mazarine et de l'Arsenal sont visibles tous les jours, de 10 à 3 heures, excepté les dimanches.

ÉGLISES LES PLUS REMARQUABLES.

Notre-Dame et ses Tours. — Saint-Gervais. — Saint-Merry. — Saint-Nicolas des Champs. — Saint-Eustache. — Saint-Vincent de Paul. — Notre-Dame de Lorette. — La Madeleine. — Saint-Roch. — Saint-Séverin. — Saint-Sulpice et ses Tours. — Saint-Germain des Prés. — Sainte-Geneviève, son Dôme et ses Tombeaux. — Saint-Étienne du Mont. — Sainte-Clotilde.

A LA VÉNITIENNE

62, Chaussée-d'Antin

MERCERIE, PASSEMENTERIE, RUBANS

SEUL DÉPOT DU JUPON AÉRIEN

ÉGLISES DES DIFFÉRENTS CULTES.

Église réformée de France, à l'Oratoire, rue St-Honoré, 157.
Dimanche, à 11 heures 1/2 du matin. Culte et prédication.
— 7 heures 1/2 du soir. —

A Pantemont, rue de Grenelle-Saint-Germain, 106.
Dimanche, à 11 heures 1/2 du matin. Culte et prédication.
— 7 heures 1/2 du soir. —

Église évangélique de la Confession d'Augsbourg.
à la Rédemption, rue Chauchat, 6.
Dimanches et jours de fêtes, à 11 heures 1/2 précises.

Aux Billettes, rue des Billettes, 18 (près de l'Hôtel de Ville).
Dimanches et jours de fêtes, à midi.

Église méthodiste Weslyenne, rue Royale, 23.
Le dimanche à 2 heures 1/2, et le vendredi à 7 h. 1/2 du soir.

Chapelle de la rue de Chateaubriand, 7, (près de l'Arc de Triomphe de l'Étoile.)
Le dimanche à 11 heures.

Église évangélique de France.
Église Taitbout, rue de Provence, 51.
Dimanche à midi et à 7 heures 1/2. Culte et prédication.

Église réformée évangélique, rue de Chabrol, 29.
Dimanche à 10 heures 1/2 du matin.

Temple Israélite.

La Synagogue est rue Notre-Dame-de-Nazareth, 15.
Le service aura lieu le 27 septembre à 5 heures, le 11 octobre à 4 heures 1/2, le 8 novembre à 4 heures, le 24 janvier à 4 heures 1/2, le 14 février à 5 heures, le 28 février à 5 heures 1/2, le 24 mars à 6 heures, le 11 avril à 6 heures 1/2, le 2 mai à 7 heures, le 25 juillet à 6 heures 1/2, le 15 août à 6 heures, le 5 septembre à 5 heures 1/2.

Le Temple Israélite portugais, rue de Lamartine, 29.
Les heures de service sont les mêmes que ci-dessus.

MANUFACTURE DE CHEMISES
Détail et Exportation
MAISON ROISIN ET ARMENGAUD
brevetés s. g. d. g.

Pour leur machine à couper les chemises appliquée à la chemise sur mesure

FABRICATION ET COMPTOIRS SPÉCIAUX DE LINGERIE ET ARTICLES D'HOMMES

Chemises, Gilets de flanelle, Caleçons, Faux-cols, Cravates, Foulards, Mouchoirs, Bonneterie et Gants Jouvin

Dépôt spécial d'articles anglais

Articles de luxe. Spécialité de chemises de chasse

34, RUE VIVIENNE

ROBES

Mme OLYMPE LAURENÇOT
44, rue Sainte-Anne, 44

TROUSSEAUX. — CORBEILLES DE MARIAGE

Expéditions en Province et à l'Étranger

A LA BALAYEUSE
Mmes Petit-Deplanque et Favereaux

Mantelets, Lingerie et Nouveautés pour les Dames et les Enfants

4, place Vendôme, même maison que l'hôtel du Rhin

MONUMENTS QU'ON PEUT VISITER TOUS LES JOURS
(sans permission).

Le Palais du Sénat, de 10 à 4 h., quand il n'y a pas de séance.
La Bourse, surtout de 1 à 3 heures les jours ouvrables.
L'Arc de Triomphe de l'Étoile.
La Colonne de la Place Vendôme.
La Tour Saint-Jacques.
La Colonne de Juillet.
La Chapelle Expiatoire, rue de l'Arcade.
Le Palais de Justice.
Le Cimetière du Père Lachaise.

MINISTÈRES, PRÉFECTURE DE LA SEINE ET DE POLICE.
Pour obtenir audience des ministres, faire une demande motivée par écrit.

Intérieur. Rue de Grenelle-Saint-Germain, 101-103. — Les bureaux sont ouverts le mardi et le jeudi, de 11 à 3 heures.

Affaires Etrangères. Rue de l'Université, 130. — Les bureaux sont ouverts le mardi et le vendredi, de midi à 3 heures.— Pour faire viser les passe-ports, tous les jours de la semaine, de 11 à 4 heures.

Finances. Rue de Rivoli, 234.—Les bureaux sont ouverts tous les jours de la semaine, de 10 à 4 heures.

Guerre. Rue Saint-Dominique-Saint-Germain, 86.— Le public est admis le mercredi, de 2 à 4 heures.

Marine. Rue Royale-Saint-Honoré, 2. — Les bureaux sont ouverts le jeudi, de 2 à 4 heures.

Justice et Cultes. Place Vendôme, 13. — Les bureaux de la Justice sont ouverts le vendredi, de 2 à 4 heures.

Agriculture, Commerce, Travaux publics. Rue Saint-Dominique, 62. — Les bureaux sont ouverts le mardi et le vendredi, de 2 à 4 heures.

Instruction publique. Rue de Grenelle-Saint-Germain, 110. — Les bureaux sont ouverts le jeudi, de 2 à 4 heures.

Ministère d'Etat. Place du Carrousel. — Les bureaux sont ouverts tous les jours, de 10 à 4 heures.

Ministère de la maison de l'Empereur. Rue de Rivoli, 16. — Les bureaux sont ouverts tous les jours, de 10 à 4 heures.

Préfecture du département de la Seine. Place de l'Hôtel-de-Ville.—Les bureaux sont ouverts tous les jours, de 10 à 4 h.

Préfecture de Police. Rue de Jerusalem, au Palais de Justice.—Les bureaux sont ouverts tous les jours, de 9 à 4 heures.

GRANDE MÉDAILLE D'HONNEUR
COUVERTS ET ORFÉVRERIE ARGENTÉS
De la Fabrique Ch. CHRISTOFLE et Cie
PREMIÈRE MAISON SPÉCIALE
BOISSEAUX, 26, rue Vivienne

PAPETERIE FORTIN
Rue Neuve-des-Petits-Champs, 59
En face le Théâtre-Italien

Papiers à lettres, Fantaisie aux initiales et armoiries
MAROQUINERIE, BRONZES D'ART
Cartes de visites gravées à 3 francs 50 centimes
Fabrique de Registres, Albums et Reliures
PHOTOGRAPHIE BALDUS

73, rue Richelieu, 73

Vve PLATEL ET BERGER
HAUTES NOUVEAUTÉS
CONFECTIONS, RUBANS, LINGERIE, ARTICLES D'ENFANTS
— PARIS —

AMBASSADES.

Écrire aux Ambassadeurs pour obtenir audience.

ANGLETERRE. Rue du Faubourg-Saint-Honoré, 39. — Bureaux de la Chancellerie et du Consulat. De 11 à 2 heures ; pour le visa des passe-ports, les déposer de 11 à 1 heure, les reprendre à 2 heures.

AUTRICHE. Rue de Grenelle-Saint-Germain, 87.—De 1 à 3 h.
BELGIQUE. Rue de la Pépinière, 97. — De midi à 2 h. 1/2.
ESPAGNE. Rue de Courcelles, 29. — De 1 à 3 heures.
ETATS-UNIS D'AMÉRIQUE. Rue Beaujon, 13.—De midi à 2 h.
GRÈCE. Rue du Cirque, 20. — De midi à 3 heures.
NAPLES. Rue du Faubourg-Saint-Honoré, 47.— De 1 à 3 h.
PORTUGAL. Rue d'Astorg, 12. — De midi à 1 heure 1/2.
PRUSSE. Rue de Lille, 78. — De midi à 1 heure 1/2.
PAYS-BAS. Rue du Cirque, 2. — De 11 à 1 heure.
ROME. Nonce du Pape, rue de l'Université, 69. — De 11 à 1 h.
RUSSIE. Faubourg Saint-Honoré, 33. — De midi à 2 heures.
SARDAIGNE. Rue Saint-Dominique, 133. — De 11 à 2 heures. Bureaux de la Chancellerie ouverts de 2 à 4 heures ; visa des passe-ports de 11 à 2 heures.
SUÈDE ET NORWÉGE. Rue d'Anjou-Saint-Honoré, 74. — De 6 à 1 heure.
TURQUIE. Bureaux, rue de la Victoire, 41 —De 2 à 3 heures.

A LA CROIX D'HONNEUR

CARDEILHAC

Fabrique de Coutellerie, Orfévrerie

Médaille de 1re classe 1855

91, RUE DE RIVOLI, 91

au coin de la place du Louvre

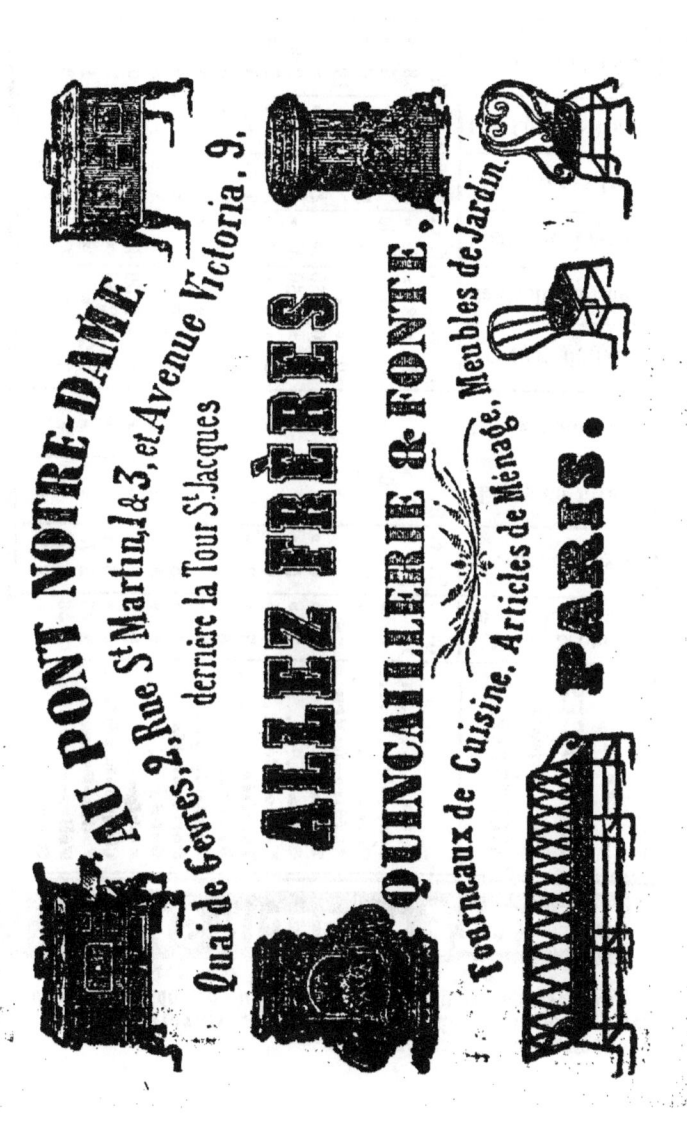

PRIX DES PLACES AUX DIFFÉRENTS THÉÂTRES DE PARIS	Avant-Scènes de rez-de-chauss.	Av.-Sc. du foyer.	Loges du foyer.	Stalles d'amphith.	1res Log. de face.	Baignoir. de face.	Loges de Balcon	Av.-Scènes 1res.	1res Log. de côté.	Fauteuils d'orch.
	fr. c.	fr. c.	fr. c.	fr. c.	fr. c.	fr. c.	fr. c.	fr. c.	fr. c.	fr. c.
Opéra	10 »	12 »	» »	» »	8 »	8 »	8 60	8 »	» »	8 »
Français	8 »	» »	8 60	10 »	6 »	» »	8 »	» »	7 »	5 »
Opéra-Comique	7 »	7 »	7 »	» »	7 »	» »	» »	5 »	» »	6 »
Théâtre-Italien	» »	» »	» »	10 »	10 »	» »	» »	» »	» »	10 »
Théâtre-Lyrique	6 »	6 »	5 »	» »	4 50	3 50	8 60	» »	5 »	4 »
Odéon	5 »	5 »	5 »	2 50	5 »	3 50	» »	5 »	3 »	2 50
Vaudeville	6 »	6 »	5 »	» »	5 »	2 »	3 »	6 »	3 »	4 »
Variétés	6 »	6 »	4 »	» »	5 »	4 »	» »	5 »	3 »	2 »
Gymnase	5 »	3 »	» »	» »	4 »	4 »	» »	6 »	» »	5 »
Palais-Royal	» »	» »	6 »	2 50	5 »	4 »	5 »	5 »	3 »	5 »
Porte-St-Martin	5 »	» »	5 »	» »	5 »	4 »	4 »	5 »	» »	3 »
Gaîté	5 »	5 »	» »	» »	4 »	» »	» »	6 »	» »	4 »
Ambigu	6 »	6 »	» »	» »	6 »	5 »	3 »	6 »	» »	3 »
Cirque-Impérial	5 »	5 »	» »	» »	4 »	4 50	5 »	5 »	» »	4 »
Folies-Dramatiq	2 75	2 75	» »	» »	2 25	2 50	» »	2 50	» »	3 »
Folies-Nouvelles	3 50	3 50	» »	» »	» »	» »	» »	» »	» »	3 »
Bouffes	5 »	3 »	» »	» »	5 »	» »	3 »	5 »	4 »	4 »

NOTA. — Le prix des places, prises en location, un quart en sus.

CHABLE MÉDECIN SPÉCIAL

36, rue Vivienne, au 1er

Maladies des deux sexes, Guérison prompte sans copahu par l'excellent Sirop au Citrate de fer CHABLE. Prix : 5 fr. Traitement par correspondance.

Gros.	Exportation.	Détail.
USINE A VAPEUR Grande rue, 196 A VAUGIRARD.		MAISON A LONDRES et A BRUXELLES.

DEMARSON, PETIT ET CIE
PARFUMEURS

13, boulevard Poissonnière, à Paris
en face la rue de Rougemont

Spécialité d'Eaux de Toilette et de Vinaigre aromatique, Laits et Crèmes pour le Teint
EXTRAITS D'ODEURS POUR MOUCHOIR
Pommades aux Fleurs des prés, aux Violettes de Parme,

— 14 —

SUITE DU PRIX DES PLACES aux différents THÉÂTRES DE PARIS	Faut. de Balcon.	Faut. de 1re gal.	3es Loges de face.	2es Loges de côté.	3es Loges de face.	3e Galerie de côté.	1re Galerie.	2e Galerie.	Pourtour.	Parterre.
	fr. c.	f. c.	f. c.	f. c.	f. c.	f. c.	f. c.	f. c.	f. c.	f. c.
Opéra	6 60	» »	6 »	4 »	6 50	2 50	» »	1 50	» »	2 50
Français	6 50	» »	3 50	4 50	3 50	» »	5 »	3 »	2 50	2 50
Opéra-Comique	10 »	» »	2 »	1 50	2 »	5 50	6 »	1 50	» »	» »
Théâtre-Italien	4 »	3 »	9 »	8 »	9 »	» »	2 »	» »	» »	1 50
Théâtre-Lyrique	3 »	2 50	2 »	» »	2 »	1 50	2 50	» »	3 50	1 50
Odéon	5 »	5 »	2 »	» »	2 »	» »	2 »	1 50	2 50	» »
Vaudeville	5 »	4 »	3 »	1 50	3 »	1 25	4 »	1 50	2 50	» »
Variété	5 »	2 »	2 »	2 50	2 »	» »	» »	2 »	3 »	2 50
Gymnase	5 »	4 »	3 »	2 50	3 »	» »	2 50	1 25	2 50	1 50
Palais-Royal	4 »	2 »	» »	2 »	4 50	» »	1 50	1 50	1 50	1 50
Porte-St-Martin	3 »	4 »	4 »	2 50	4 »	» »	» »	1 50	» »	1 25
Gaîté	3 »	2 »	1 25	» »	2 50	» »	» »	» »	» »	1 25
Ambigu	4 »	4 »	2 50	» »	» »	» »	» »	» »	3 »	» »
Cirque-Impérial	2 50	1 25	» »	» »	» »	» »	» »	1 50	» »	1 25
Folies-Dramatiq.	1 50	1 50	2 50	» »	1 50	» »	» 75	» »	» »	» 75
Folies-Nouvelles	3 »	» »	» »	» »	» »	» »	» »	» 50	» »	» 75
Bouffes	4 »	4 »	2 50	» »	2 50	» »	» »	» »	» »	1 50

THÉATRE DE LA PORTE-SAINT-MARTIN

JEAN BART

Tous les soirs à sept heures

AUX CHAIS DU MÉDOC
VINS FRANÇAIS ET ÉTRANGERS
En Cercles et en Bouteilles. Livraison à domicile et franco
E. MILLOCHAU
RUE DE RIVOLI, 82, près la Tour-Saint-Jacques
Et à l'Entrepôt général des Vins, rue de Champagne, 8
Envois à l'Étranger et service spécial pour la Banlieue
Bières anglaises

PARQUETS MOSAIQUES
BORDURES, ROSACES EN TOUS GENRES
Pour la France et l'Étranger
MARCELIN, rue Basse-du-Rempart, 40

VINS DE CHAMPAGNE

DE VENOGE ET Cie   A ÉPERNAY

DÉPOSITAIRE   A. LE PAGE AÎNÉ

25, boulevard Poissonnière
— PARIS —

AU COQ D'OR
Rue Ste-Anne, 46, au 1er, près la r. Neuve-des-Pet.-Champs
Ci-devant rue Vivienne, 7
MAISON SPÉCIALEMENT CONNUE POUR LES
RASSORTIMENTS D'ÉTOFFES
Correspondance. — Envois en Province et à l'Étranger

BALS PUBLICS D'ÉTÉ.

Jardin Mabille, les dimanches, les mardis, jeudis et samedis.
Chateau des Fleurs, les dimanches, lundis, mercredis et vendredis.
Ces deux jardins sont magnifiques, surtout le soir à la lueur des illuminations.—Un superbe orchestre est conduit par Pilodo.
La Closerie des Lilas, à l'extrémité du jardin du Luxembourg, les dimanches, lundis et jeudis. — Rendez-vous de la jeunesse des Ecoles.
Ranelagh, au bois de Boulogne. — Dimanches, jeudis, samedis. — Les soirées dansantes du jeudi sont les plus élégantes.— Prendre le *Chemin de fer d'Auteuil*, gare de la rue Saint-Lazare, qui y conduit en quelques minutes.
Chateau-Rouge, chaussée Clignancourt, à Montmartre. — Bal les dimanches, lundis, jeudis et samedis.

ASNIÈRES.

Le Chateau d'Asnières, ancienne résidence princière, est un des plus beaux parcs des environs de Paris.

FABRIQUE DE LAMPES A MODÉRATEUR

Bronze et porcelaine, suspensions pour salles à manger, billards et tous articles d'éclairage

POUGET

10 et 12, rue de malte

FABRIQUE DE BONNETERIE

26, rue Bourbon-Villeneuve

E. MAILLOT ET Cie

INVENTEUR DES TRICOTS DE THÉATRE (DITS MAILLOTS)

BAS DE PARIS SUR MESURE

Et bas de luxe pour trousseaux

— 17 —

SPÉCIALITÉ D'ÉTOFFES POUR AMEUBLEMENTS
rue de Cléry, 23

MAISON CONSTANT BOUHOURS ET JUIGNÉ

| VELOURS | SOIERIES |
| MOQUETTES | PERSES |

Reps brochés et unis. — Mousselines brodées et brochées

TULLE BRODÉ

PAILLASSONS
MAISON DU JONC D'ESPAGNE
84, rue de Cléry

Luxe et Comfort

Exposition — **MUSTEL** — Médailles 1re cl.
Facteur d'Orgues
Breveté s. g. d. g.
42, RUE DE MALTE, 42
PARIS
1855   1855

ARTICLES DE VOYAGE
KROGNER
33, rue Sainte-Apolline, et rue du Grand-Hurleur, 2
Près la Porte-Saint-Denis

TARIF DES VOITURES DE PLACE.

VOITURES	COURSE.	HEURE.	DE MINUIT 30 A 6 H. DU MATIN.	
	fr. c.	fr. c.	Course.	Heure.
A 2 places.....	1 25	1 75	2 »	2 50
A 4 et 5 places..	1 40	2 »	2 »	2 50

Extérieur des Fortifications.

Voitures à 2 places..... 2 fr. 50 c. l'heure.
— à 4 et 5 places.. 2 50 —

20 centimes pour un colis; deux colis 40 centimes; trois et au-dessus, 50 centimes.
Indemnité de retour du bois de Boulogne, pour la course, 50 centimes, et au delà des fortifications, 1 fr.

TARIF DES VOITURES SOUS REMISE.

	COURSE.	HEURE.	DE MINUIT 30 A 6 H. DU MATIN.	
	fr. c.	fr. c.	Course.	Heure.
Calèches et Coupés.	2 »	2 25	2 50	3 »

Extérieur des Fortifications.

Calèches et Coupés......... 3 fr. l'heure.

Indemnité de retour du bois de Boulogne, pour la course, 75 centimes, et au delà des fortifications, 1 fr. 50 c.

FLEURS
MALIDOR
GUIRLANDES ET FLEURS FINES

Rue Neuve-Saint-Augustin, 19
Près du passage Choiseul

NOUVEAU SYSTÈME D'EMBALLAGE B. S. G. D. G.
Grande économie de place
ROQUANCOURT-BOLLÉ, emballeur
Et Fabricant d'Articles de Voyage
19 et 24, rue de Grammont

Bronzes d'art, Terre cuite, Composition plastique, Statuettes antiques et modernes. — Sujets religieux. — Sujets grotesques. — Portraits en 2 séances. — Leçons de modelage et de moulage

HY-LORIN ET CIE
Magasins : 11, galerie d'Orléans, Palais-Royal
Atelier : 8, rue de Valois, près le Palais-Royal
Seule maison où l'on trouve les objets et pipes artistiques en terre cuite de L. DESBORDES

LE LAIT ANTÉPHÉLIQUE
Détruit et prévient les taches du visage
ET ASSURE LA PURETÉ DU TEINT
FLACON : 5 FR.
CANDÈS et Cie, boulevard Saint-Denis, 28

SOCIÉTÉ EUROPÉENNE

Brevetée s. g. d. g.

| MANUFACTURE
d'étoffes spéciales
et exclusives
pour la
Confection | MAISON PRINCIPALE
A PARIS
55, rue Vivienne | DÉPOT CENTRAL
de
Soieries noires |

et 15, boulevard Montmartre

Londres **MURIOT et MARY** St-Pétersbourg

SPÉCIALITÉ DE CONFECTION

| Maison d'achats
pour la
FOURRURE
A LEIPSICK | POUR DAMES
MODÈLES BREVETÉS
et exclusifs
FOURRURES | MANTEAUX
ET TISSUS
imperméables
USINE
A LONDRES |

ET NOUVEAUTÉS

BALANCES, BASCULES ET POIDS
2, rue de la Ferronnerie, 2

BESSON, Fabricant

Balancier du Trésor, de la Banque de France, du Poids
public, Fournisseur du Ministère de la Guerre,
de la Manutention, des Chemins de fer, Messageries, etc.

FABRIQUE D'ÉVENTAILS
V^{VE} DUCROT,
9, boulevard de Strasbourg, 9.
Méd. à Londres, 1851, et à l'Exposition univer. 1855.

Cafetière usuelle sans esprit-de-vin. — Cafetière de luxe. — Cafetière usuelle à l'esprit-de-vin.

CAFETIÈRE A PASSOIRE CONIQUE
TYPE SIMPLE ET PARFAIT DE LA CAFETIÈRE, b. f. g. d. g.

1° BONTÉ, FORCE, ÉCONOMIE, par la passoire conique qui fait obtenir à la 1re infusion toute la partie aromatique du café et dispense de la repasse.

2° LIMPIDITÉ et DÉLICATESSE DE GOUT sans égales, par l'arrosement divisé, tranquille et régulier.

3° Absence totale de danger et de fragilité.

4° Grande simplicité et grande facilité d'entretien.

5° Plus de vert-de-gris.

CAFETIÈRE AVEC FOURNEAU pour les établissements publics. La Cafetière à passoire conique est exécutée en ruolz plaqué métal anglais, cuivre bronzé, cuivre étamé, cuivre naturel et fer-blanc.

Se vend chez M. Théophile Trocard, inventeur, rue des Fossés-Saint-Jacques, 20, et chez tous les quincailliers et lampistes de la France et de l'étranger.

BROCHURE INTÉRESSANTE sur la cafetière, chez l'inventeur et chez tous les libraires.

PLAISIRS DE LA SEMAINE.

L'étranger qui n'aurait que huit jours à passer dans Paris, devrait employer ce temps de la manière suivante :

HEURES.	DIMANCHE.
10	Visiter le Palais-Royal.
11	L'église Saint-Roch.
12	La Colonne de la Place Vendôme.
12 1/2	L'église de la Madeleine.
1	Les boulevards.
2	L'église Saint-Vincent de Paul.
2 1/2	Prendre le chemin de fer du Nord pour voir Saint-Denis (son église et ses tombeaux).

	LUNDI.
10	Le Puits artésien de Grenelle.
11	L'Hôtel des Invalides.
11 1/2	Les Plans en relief (du 1er mai au 15 juin) (*).
12	Le tombeau de l'Empereur Napoléon.
1 1/2	Bois de Boulogne.
3	Pré Catelan.
4 1/2	Chapelle Saint-Ferdinand, à Neuilly.
5	Arc de Triomphe de l'Étoile.

	MARDI.
10	Prendre le chemin de fer (rive gauche) pour
10 1/2	Meudon, son château et son parc.
1	Manufacture de Sèvres (*).
3	Saint-Cloud (son parc et son château).
	NOTA. — Meudon, Sèvres et Saint-Cloud sont contigus.
5	La Chapelle Expiatoire, rue de l'Arcade.

	MERCREDI.
10	L'église Notre-Dame et la sacristie.
10 1/2	Le Palais de Justice.
11	La Sainte-Chapelle (*).
12	Le Musée de Cluny (*).

P. SOUTY

Place du Louvre, n° 8, à Paris

Doreur du Ministère d'État et de la Maison de l'Empereur

DORURES, ENCADREMENTS, AMEUBLEMENTS,

DÉCORATIONS

Ateliers et Magasins : 12, *rue Pauquet-de-Villejust*

Aux Champs-Élysées

PATISSERIE DU LOUVRE

TROTTIER

170, rue de **Rivoli**, **170**, place du Palais-Royal

GLACES, SORBETS POUR SOIRÉES.

PARIS

176, RUE DE RIVOLI, 176

En face le Ministère d'État

MAISON VALLÉE

Tabletterie, Maroquinerie en tous genres, Trousses
de voyage, Objets de fantaisie, tels que :
Petits Bronzes, Bijoux dorés, Éventails, Boîtes
à Gants, à Cigares et Jeux de Société

PARIS

HEURES.	MERCREDI (Suite).
1 1/2	L'église Saint-Étienne du Mont.
2	Sainte-Geneviève, son dôme et ses tombeaux.
2 1/2	Bibliothèque Sainte-Geneviève.
3 1/2	Musée du Luxembourg.
4	Palais du Sénat.
4 1/2	Jardin du Luxembourg.
5	L'église Saint-Sulpice et ses tours.
5 1/2	L'église Saint-Germain des Prés.

JEUDI.

10	Visiter l'église Saint-Eustache.
10 1/4	Les Halles centrales.
10 1/2	L'église Saint-Merry.
11	Saint-Nicolas des Champs.
11 1/2	Conservatoire des Arts et Métiers.
1	Appartements de l'Hôtel de Ville (*).
2 1/2	Musée d'Artillerie (*).
3 1/2	Produits de l'Algérie (*).
4 1/2	Église Sainte-Clotilde.

VENDREDI.

10	Bibliothèque impériale.
11 1/2	Bibliothèque Mazarine.
12	Musée des Monnaies.
1	Palais des Beaux-Arts.
2	Musée du Louvre.
5	La Tour Saint-Jacques.

SAMEDI.

10	Bibliothèque de l'Arsenal.
11	Le Jardin des Plantes.
12	Muséum d'histoire naturelle (*).
1 1/2	Les Gobelins (*).
3	La Colonne de Juillet.
3 1/2	Le Cimetière du Père Lachaise.

HORAY

MÉDECIN-DENTISTE

161, rue Saint-Honoré, 161

Après bien des années consacrées à des expériences sérieuses, M. HORAY a perfectionné la pose des Dents artificielles par des procédés entièrement nouveaux.

Les pièces sont placées avec une adhérence et une imitation parfaite; il confectionne lui-même les travaux les plus difficiles. C'est là la meilleure garantie, et grâce à son procédé particulier, son travail unit à l'élégance la solidité et la durée.

Redressement des dents qui prennent une fausse direction.

MAGASINS DE DEUIL
AU SABLIER

Boul. Montmartre, 2, au coin du faub. Montmartre.

Les plus grands assortiments de beaux tissus deuil.

TAILLEUR

MAISON LACOMBE

Réputée par son bon goût et la modicité des prix

9, rue Chabannais (près le Palais-Royal)

HEURES.	DIMANCHE.
10	Prendre le chemin de fer pour Versailles,
11	visiter son musée, son château et les deux
3	Trianons.

Choisir autant que possible, pour visiter Versailles, un dimanche où les grandes eaux jouent.

NOTA. Tous les monuments suivis d'un astérisque ne peuvent être visités sans la présentation d'un passe-port. L'étranger qui aurait encore quelques jours à passer à Paris, pourrait visiter utilement :

Fontainebleau. — Prendre pour y aller le chemin de fer de la rive gauche (Lyon).

Compiègne. — Chemin du Nord.

Saint-Germain. — Rive droite. Ces châteaux sont visibles tous les jours sur le vu d'un passe-port.

Paris à Londres, par Dieppe et New-Haven. — 1re classe : 35 fr.; 2e classe : 25 fr. — Bureau spécial, rue de la Paix, 7. — Prendre le chemin de fer de l'Ouest, rue d'Amsterdam, 13.

Paris à Londres, en 12 heures. South Eastern Railway Company. — Billets directs par Boulogne et Folkestone.

Renseignements, prospectus, etc., etc., 4, boulevard des Italiens, en face la rue Richelieu.

FABRICANT DE MEUBLES. **FAURE** **BOULEVARD de STRASBOURG, 23.**

Spécialité en Fauteuils, Chaises et Canapés de tous genres. — Grand choix de Meubles de salon.

On parle anglais et espagnol

FABRIQUE DE BIJOUTERIE, JOAILLERIE
ORFÉVRERIE ET OBJETS D'ART
en or, argent et aluminium

Prix Fixe **WIESE** en chiffres connus
rue de l'Arbre-Sec, 48, au premier
près du Louvre
FAIT LES COMMANDES PAR SPÉCIALITÉ
Médaille 1re classe 1855

OBJETS D'ART
MEUBLES DE LUXE, GENRE VIEUX BOIS

Bronzes, Boules, Bois de rose, Palissandre
LAQUE, OBJETS DE FANTAISIE

E. BAZARD
32, rue Bellechasse, 32

MILLE LITS AU CHOIX
ANCIENNE MAISON A. DUPONT
fournis. de S. M. l'Empereur
E. LACROIX, SUCCESSEUR
Fab. de lits en fer et sommiers élast.
rue Nve-St-Augustin, 3
et avenue des Champs-Élysées, 32

PHOTOGRAPHIE

PORTRAITS NOIRS ET COLORIÉS
REPRODUCTIONS, LEÇONS
20, rue de la Chaussée-d'Antin, 20.

FABRIQUE ET MAGASIN D'ARMES
Rue de Richelieu, 31, à Paris,

Léon LEROUX, Breveté s. G. d. G.

Inventeur de la **CARABINE** chargée et amorcée pour *trente-cinq coups*, et du **CONDUIT-POUDRE**, préservateur de l'humidité et de l'irrégularité de la charge.

Fusils, Carabines, Pistolets, Revolvers, Armes blanches, Accessoires complets de chasse, Poudre et Plomb. — *Trois médailles d'or en 1855.*

MAISON DE LA TOURNURE PARISIENNE
fondée en 1840

Exposition universelle de 1855

JUPON COQUILLE (B. s. g. d. g.)

Le plus élégant que l'on ait inventé jusqu'à ce jour, n'ayant pas le désagrément des Jupons-cages et autres qui sont d'un volume embarrassant, gonflent sur les côtés et sur le devant, ce qui rend disgracieuse la tournure des Dames; défauts supprimés par le perfectionnement apporté par

AGOSTINO SORMANI
Rue Thévenot, n° 12, à Paris

Propagateur de la Crinoline, déjà inventeur de la Tournure parisienne, des Jupons à bouillons et à volants, et du Ruban crin pour bas de robes, etc.

NOTA. Le Jupon Coquille se trouve dans les principales Maisons de Nouveautés et de Corsets de la France et de l'Etranger.

MACHINES A COUDRE

SYSTÈME LE ROY

Breveté, s. g. d. g.

200 ET 300 FR. MOINS CHÈRES QUE CELLES QUI EXISTENT

GARANTIES DEUX ANS CONSÉCUTIFS

**Applicables pour Tailleurs, Couturières, Corsetières
Chaussures, Lingères, etc.**

RUE BRÉA, 14, près le Luxembourg

CHAPEAU LEJEUNE

Le prix de ce nouveau Chapeau est fixé à 18 francs à la Fabrique

RUE DU MARCHÉ-SAINT-HONORÉ, 5

Le perfectionnement que M. Lejeune vient d'apporter à son Chapeau par son double bord en feutre et son lien à ressort, le rend doux et solide à l'usage; en le mettant, il prend de suite la conformation de la tête. — Cent cinquante ouvertures pratiquées dans le lien du Chapeau donnent un bien-être inexprimable.

M. Lejeune engage toutes les personnes qui sont sujettes aux maux de tête ou qui ont la transpiration abondante à venir visiter, sans acheter, cette nouvelle fabrication; il démontrera également à MM. les Chapeliers qui cherchent, soit par le caoutchouc, toiles gommées ou autres, à empêcher le chapeau de graisser, combien tous ces apprêts sont nuisibles, et portent, au contraire, à la transpiration.

Nos véritables apprêts imperméables nous ont mérité les fournitures du Ministère de la guerre, des cuirassiers de la garde impériale, des dragons de l'Impératrice, de l'École polytechnique, etc.

ÉCLAIRAGE PAR LE GAZ

Spécialité d'Appareils en bronze imitation

HUBERT FILS, 4, rue Thorigny, au Marais.

USINE A VAPEUR

9, Chemin de Ronde (barrière Blanche)

SOMMIER TUCKER

ÉLASTIQUE, breveté s. g. d. g.

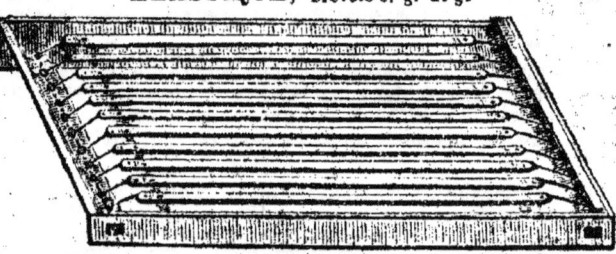

Comfortable, hygiénique, propre, solide

TARIF

Largeur.	Prix.	Largeur.	Prix.
50 à 57 cent.	12 f.	92 à 97 cent.	24 f.
58 à 64 »	14	98 à 104 »	26
65 à 71 »	16	105 à 111 »	28
72 à 76 »	18	112 à 119 »	30
77 à 83 »	20	120 à 126 »	32
84 à 91 »	22	127 à 132 »	34

Sommier démonté.

Démontage instantané. — Emballage de peu de volume et de peu de poids. — Facilité pour les Expéditions et Déménagements.

DÉPOT : 2, PLACE DU PALAIS-ROYAL
151, rue St-Honoré (hôtel du Louvre)

Paris. — Typ. Walder, rue Bonaparte, 44.

www.ingramcontent.com/pod-product-compliance
Lightning Source LLC
Chambersburg PA
CBHW060724050426
42451CB00010B/1605